Círculo Rojo
EDITORIAL

POEMAS DEL VICIO DE VIVIR

POEMAS DEL VICIO DE VIVIR

Eduard Roth

Círculo Rojo
EDITORIAL

Primera edición: diciembre 2024

Depósito legal: AL 3865-2024

ISBN: 978-84-1097-439-5

Impresión y producción: Editorial Círculo Rojo

© Del texto: Eduard Roth
© Maquetación y diseño: Equipo de Editorial Círculo Rojo

Editorial Círculo Rojo

www.editorialcirculorojo.com

info@editorialcirculorojo.com

Impreso en España - Printed in Spain

PRÓLOGO

Este poemario, que hemos titulado *Poemas del vicio de vivir*, consta de cinco capítulos de 17 poemas cada uno, o sea, 85 poemas en total. El «vicio de vivir» es el vicio que Cesare Pavese menciona en su célebre poema "Vendrá la muerte y tendrá tus ojos". Pavese dice concretamente «vendrá la muerte y será como abandonar un vicio». El capítulo I, titulado «Craonia-Ucrania», hace alusión a la Primera Guerra Mundial y a la guerra de Ucrania iniciada en 2022. Durante la Primera Guerra Mundial, se produjeron intensos combates en la localidad francesa de Craonne, que hemos traducido por Craonia. Los poemas de este capítulo hacen alusión generalmente a conflictos armados. El capítulo II, titulado «Donde el amor mora», contiene poemas de amor, en varios de los cuales aparece el personaje de Kenet, compañero de viaje del autor y con el cual mantiene una relación sadomasoquista. El capítulo III, titulado «Invierno-Infierno», contiene principalmente catástrofes ocurridas a causa del frío, como la retirada de Rusia por Napoleón o los intentos fallidos de escalar montañas muy altas. El capítulo IV, titulado «Vino divino», es una alabanza del vino y de la cerveza, pero también contiene poemas que advierten de los peligros de otras bebidas como la absenta, o de drogas como la heroína. El capítulo V, titulado «Poetas y piruetas», contiene diez sonetos dedicados a diez grandes poetas, entre los que están Arthur Rimbaud y Federico García Lorca. Luego contiene poemas sobre bailes como el tango, el *ballet* y el vals.

1. CRAONIA-UCRANIA

1. A Pablo Neruda,
en su lecho de muerte

Quiero cantar el destino
De un ilustre poeta,
Pablo Neruda el divino,
Famoso en todo el planeta.
Hoy el gatillo lo aprieta
El militar, sin ningún pudor;
Es lo que denuncia el poeta,
Conmovido por el dolor.

Hoy suena música militar
Y sopla un viento aciago,
Hoy es peligroso pasear
Por las calles de Santiago.
Hoy un general domina,
Pinochet es su nombre,
Que tortura y asesina
A chilenos de renombre.

Chile, país donde habitan
La liebre, el puma y la llama,
Con sus minas de pirita
Y el desierto de Atacama.
Chile, donde vuela el buitre,
En su tierra abunda el guano
Y hay llanuras de salitre
En su suelo americano.

Chile, rico en historia,
Ahora abrumado de dolor,
No abandones tu gloria
Al yanqui depredador.
Ausente pero presente,
Siempre fiel a su ideario,
Neruda te mira de frente,
Silencioso y solitario.

2. La trinchera

Era el tiempo de la sinrazón,
De hacer castillos de arena,
De reclamar Alsacia y Lorena,
De hacer fuego a discreción.

De marchar alegres en pelotón,
De volver a casa cada quincena,
Donde te esperan con cara serena
Y te abrazan con ilusión.

Pero la guerra se vuelve agresiva,
Los soldados caen a miles,
Se desprecian los desfiles,

Ya nadie entona un «viva»
Y, escondidos en una trinchera,
Suerte tiene quien no muera.

3. Los pintores

Todo el mundo no es Picasso
Ni pinta como Vermeer,
Uno se conforma con ser
Un buen copista si acaso.

Un Leonardo es escaso,
Velázquez es digno de ver,
Rembrandt se hace querer
Y Monet pinta a cielo raso.

Yo me declaro barroco
Aunque solo sea un poeta oscuro
Que ama el claroscuro,

Y de pintar entiendo poco.
Sé que Goya pintó la guerra
Y que su pintura nos aterra.

4. Los poetas

Machado duerme en Callioure
Al pie de una alta montaña.
Murió en una miserable cabaña
Con su mirada dirigida al sur.

Lorca duerme bajo cielo azul,
Lo mataron una terrible mañana
Criminales dirigidos con saña
Por un general asesino y tahúr.

Miguel murió en prisión.
Qué vergüenza en el planeta
Por matar a otro gran poeta

Que engrandece a su nación.
Ahora un sinvergüenza atrevido
Reclama el derecho al olvido.

5. Campos de concentración

No eran pocos, eran muchos miles
Que viajaron en vagones sellados
Hacia grandes campos vigilados
Por terribles guardianes hostiles.

Eran combatientes o civiles,
Hacinados y maltratados,
En barracones con alambrados,
Donde morían enfermos y seniles.

Eran judíos, polacos, eslavos;
Eran no arios, de destino sombrío.
Murieron de hambre y de frío,

Pero lucharon para no ser esclavos.
Fueron, tras un trato infernal,
Víctimas de la banalidad del mal.

6. La Comuna de París

Hace ciento cincuenta años
Se proclamó la Comuna de París,
Opuesta a la vuelta de la flor de lis,
En Montmartre y sus aledaños.

Banderas rojas de todos los tamaños
Ondearon en la capital del país
Y barricadas bajo el cielo gris
Se elevaron con toda clase de apaños.

Subió la fiebre revolucionaria
Y el poderoso gobierno conservador
Envió a un ejército arrollador

Que entabló una lucha sanguinaria.
Desde aquel mes de mayo tengo una herida
Que ha goteado el resto de mi vida.

7. El campo vaciado

Uno tras otro dejan el campo abandonado
Para vivir lejos de donde han nacido.
Soñaban con la ciudad y allí se han ido,
Ya no entienden de perdices ni de ganado.

Pero pueden hacer un doctorado
En Ornitología, con máster incluido,
Y con un móvil y un GPS encendido
Saben cuándo el otoño ha llegado.

Las chicas y los chicos prefieren bailar,
Pasar la noche en una discoteca
Y viajar por Europa con una beca.

Quieren novio o novia para quedar
Y viven en un piso estrecho
Para formar una pareja de hecho.

8. Francia

La Provenza y el bello sol de sus estíos,
Los puertos de Normandía y Bretaña,
Las playas que el Atlántico baña,
El Sena, el Loira y otros ríos.

Saint-Malo y sus antiguos navíos,
Los Alpes y sus pistas de alta montaña,
Sus vinos de Burdeos y de Champaña,
Sus castillos medievales y sus señoríos.

Los filósofos Voltaire y Rousseau;
Verlaine, Rimbaud y otros poetas;
El siglo xx con Camus y Malraux.

Todos grandes artistas y profetas.
Pero hubo miles de soldados muertos en eriales
Durante las dos guerras mundiales.

9. Las familias de antaño

A los veinte años estabas casado,
No dejabas el tiempo pasar,
Siete u ocho hijos estaban por llegar
Y todo tu tiempo estaba ocupado.

Comprando pañales, por descontado,
Con platos y vasos por lavar,
No quedaba tiempo para pensar
Salvo en la limpieza y el fregado.

Los niños juegan, el papá fuma,
Los niños se hacen mayores,
La paz familiar se esfuma.

Se marchitan las bellas flores,
Se declaran las malditas guerras mundiales
Y miles de soldados mueren en unos eriales.

10. Quiero una voz

El cigarro fumado tras un cubata,
El cáncer de garganta que te mata
Es la enfermedad contra la que bramo.
Quiero una voz, pero no un amo.

El alma habita siempre en el cielo
Porque el viento la eleva del suelo
Al no pesar ni un ínfimo gramo.
Quiero una voz, pero no un amo.

Esta justicia miserable, este vicio,
Contemplar este horrible sacrificio.
Abolir la pena de muerte reclamo.
Quiero una voz, pero no un amo.

Como lector atento del evangelio,
Que Lorca tenga un digno sepelio
En su Granada es lo que reclamo.
Quiero una voz, pero no un amo.

11. En Craonia

En Craonia, en su llanura,
Donde la muerte es segura,
Adiós a la vida, al amor;
Morimos empapados en sudor
Sin queja, con bravura.

Con alambradas hasta la cintura,
Pájaros que vuelan en altura,
Cuyos cantos apaga el tambor.

Allí está nuestra sepultura,
Pero no volverá la cordura
Hasta que cese el horror.
Que acabe la guerra con honor,
Y aquí se acaba esta lectura.

12. En Flandes

Flandes y sus campos de horror
Son testigos de nuestro honor.
Las amapolas florecen en primavera
Y cubren de rojo la pradera,
Como la sangre de nuestro valor.

No, no morimos por error,
Morimos al atacar con furor
En esta lucha de trinchera.

Las flores salpican dolor,
Además de sangre y olor,
Y aquí la lección primera
Que la sepa la tierra entera:
La vida carece de valor.

13. La muerte triste

Has colonizado nuestra mente
Con tu locura demente,
Te has llevado a los veinteañeros
Para hacer corazones guerreros,
Los has engañado vilmente.

Vestidos con traje reluciente
Con su belleza latente,
Nos has hecho tus compañeros.

Prometes gloria permanente
Al soldado audaz y valiente,
Ya sea fusilero o artillero
Que acabará en un sumidero.
¡Oh, muerte, sal de nuestra mente!

14. A los soldados muertos

Habéis ido a la guerra
En la flor de vuestra juventud,
Ahora yacéis bajo tierra
En mortaja y ataúd.

Vuestro destino nos aterra,
Habéis muerto en multitud,
Os olvidarán en la posguerra
Con una cruz de gratitud.

Os llorarán seres queridos,
Vuestros amigos y parientes,
Pero son culpables muchas gentes

De tantos hombres abatidos.
Los culpables no tendrán castigo,
Son como cizaña en el trigo.

15. La canción de Craonia

Cuando acaba el reposo,
Cavamos la trinchera en un foso.
Volveremos al combate,
Al temerario ataque.
El ejército está ya cansado,
Nadie quiere luchar forzado,
El corazón lanza un gemido
Al despedirse del ser querido,
Sin trompetas ni tambor
Que exciten nuestro furor.

Adiós a la vida, al amor;
Nos despedimos con dolor;
Esto se acaba, ya no dura.
Es en Craonia y su llanura
Donde estamos condenados,
Somos los crucificados.

Mientras, en el gran bulevar,
Los potentados beben en un bar.
Para ellos la vida es rosa,
Pero para nosotros es otra cosa.
En vez de esconderse de esa manera,
Deberían defender la trinchera
Para conservar sus posesiones.
Porque son unos grandes bribones,
Aquí enterramos al compañero
Mientras ellos ganan dinero.

Adiós a la vida, al amor;
Nos despedimos con dolor;
Esto se acaba, ya no dura.
Es en Craonia y su llanura
Donde estamos condenados,
Somos los crucificados.

16. Viendra la mort

(D'après Cesare Pavese)
Viendra la mort avec sa faible haleine
Et elle aura tes yeux,
Pour que je la sente a peine
Quand de matin à nuit elle revienne.

Sourde, comme un remord en face,
Vice absurde de tes yeux,
Comme un mot inutile qui lasse,
Cri etouffé qui en silence passe.

Ô très chère espérance latente
Qui me regarde de tes yeux,
Délivre-moi de l'inutile attente,
Tu es la vie et la mort lente.

Viendra la mort en nuit ensevelie
Car elle aura tes yeux,
Et nous serons, quand tout sera fini,
Dessaisis aussi du vice de la vie.

17. Vendrá la muerte

(Inspirado en Cesare Pavese)
Vendrá la muerte con su parco aliento
Y tendrá tus ojos,
Como una brisa fría
Que nos ronda noche y día.

Sorda, como un tenaz remordimiento,
Vicio absurdo de tus ojos,
Voz acallada que abrasa,
Grito que en silencio pasa.

¡Oh, desdichado e inútil tormento!,
Que me miras con tus ojos,
Libérame de esta larga espera
Y dame una muerte pasajera.

Vendrá la muerte como un dulce lamento
Porque tendrá tus ojos
Y, cuando todo haya acabado,
El vicio de la vida habrá sanado.

II. DONDE EL AMOR MORA

1. Los guijarros

Tras esperar de mala gana,
He roto el cristal de tu ventana
Con una piedrecita
Para recordarte nuestra cita.
No quiero un nuevo revés,
Mañana te lanzaré tres.

Si no cambias tu maltrato,
Aplastaré tu ancha frente
Lanzándote piedras un buen rato
Como si fuera un demente.
Te amo a pesar de todo,
¿Por qué me tratas de este modo?

Los gendarmes a caballo
Castigarán mi intromisión
Con una pena de prisión.
Yo elevaré un retallo
Para colocar con su latido
Mi corazón malherido.

Tanto guijarro por el mundo,
Grande o pequeño guijarro
Depositado en el barro
Y en mi malestar profundo.
Todo esto lo hago por ti
Y mi canción se acaba aquí.

2. La blusa azulina

He tocado el fondo de la piscina
Buscando mi blusa azulina,
Desgarrada por los codos
Y desgastada de todos modos.
Me la habías regalado
Y yo la había abandonado.

El fondo de la piscina emana cloro
De mal sabor y amarillo como el oro.
Como lo hago por ti, me lo trago,
Ya no sé ni lo que hago.
Solo hay una cosa cierta:
Me sacarán medio muerta.

Baja rápido al fondo de la piscina
Para rescatar a tu pequeña ondina,
Impidiendo su ahogamiento.
Ha llegado el momento
De comprobar con dolor
Hasta dónde llega tu amor.

Sácame del fondo de la piscina
Con mi blusa azulina.
Puedo contar contigo
Por ser mi más fiel amigo.
Recuerda que te envidio,
Pero impide mi suicidio.

3. Nunca lo podré olvidar

Tú has sido la primera
Que ha herido mi corazón
Y de horror y de vergüenza
Me ha nublado la razón.
Tú has sido la primera
Cuyos funestos amores
Han socavado mi mente
Y avivado mis temores.

Tu voz suave, tu sonrisa,
Tu mirada corruptora
Atizaron tu maldición,
Lanzada en mala hora.
Eras joven con encanto,
Pero por dentro traidora.
Ahora lloro mi inocencia
Ante tu faz seductora.

Tu vileza ha engendrado
Mi primer triste lamento
Y has hecho llorar mis ojos
Tras un largo sufrimiento.
Mi desdichada amargura
Espero poderla lavar,
Pero tu odioso recuerdo
Nunca lo podré olvidar.

4. El tiempo de marchitarse una flor

Confieso haber soñado contigo,
Amor mío,
Tras haber sido tu mejor amigo,
Amor mío.

Bailábamos y duraba nuestro amor
El tiempo de marchitarse una flor.

Abril es el mes que yo dedico
Al amor,
Y ya sea pobre o rico, te suplico
Tu amor.

Bailábamos y duraba nuestro amor
El tiempo de marchitarse una flor.

La vida no vale la pena ser vivida
Sin amor,
Pero el amor es también una herida
Que cicatriza con dolor.

Bailábamos y duraba nuestro amor
El tiempo de marchitarse una flor.

5. La bella amante

Me gusta ver, bella amante,
Tu cuerpo tan hermoso
Como una tela vacilante
En un entorno oloroso.
En tu cabello profundo,
Oscuro y perfumado
Hay un oleaje vagabundo
De color blanco azulado.

Como un navío empujado
Por un viento mañanero,
Mi alma soñadora ha navegado
Hacia tu lejano paradero.
En tus ojos se confunde
Lo dulce con lo severo,
Son joyas donde se funde
El oro con el acero.

Allí donde la vista alcanza,
En un páramo abandonado,
Se divisa un reptil que danza
Sobre el borde de un cayado.
Tras un flujo derretido
De glaciares resonantes,
El agua de tu boca ha fluido
Como en un beso de amantes.

6. Bésame, amor mío

En Londres,
Tras una exposición de Francis Bacon,
Invitado por mi amante y anfitrión,
Al salir del museo me ha susurrado al oído:
«Bésame, amor mío».

En San Francisco,
Convertido en una moderna Sodoma
Donde fácilmente se da y se toma,
Un chico muy atractivo me ha susurrado al oído:
«Bésame, amor mío».

En Nueva York,
Para conjugar el verbo *amar*,
Basta entrar en un gay bar
Y elegir activo o pasivo que te susurre al oído:
«Bésame, amor mío».

En Madrid,
Para ver una exposición de Picasso,
He invitado a mi amante por si acaso.
Lo llevo conmigo y me ha susurrado al oído:
«Bésame, amor mío».

7. El verbo *amar*

Te enseñaré el verbo *amar*,
El más fácil de conjugar
Y el de más difícil empleo.
Lo aprenderás en un paseo.

Llevas flores de color en el pelo
Y yo manos de terciopelo.
Te propongo un juego benigno:
Cuando me veas, hazme un signo.

Te enseñaré el verbo *morir*,
El más duro y amargo de escribir.
Hay que retirarse del escenario,
Desnudo, con un simple sudario.

Tienes el busto de una diosa,
Eres tan bella y graciosa.
Yo solo te amo en un sueño,
Un maravilloso ensueño.

8. Cuando solo hay amor

Cuando solo hay amor
Para repartir la riqueza,
Para luchar con firmeza
Por un mundo mejor.

Cuando solo hay amor
Para honrar la pureza,
Hasta allí donde empieza
El juego seductor.

Entonces, sin pecado,
Con la fuerza del amor
Y el fuego demoledor

De un amante a otro amado,
Nos prometeremos amor fiel.
Firmado: Jacques Brel.

9. Las francesas

Las francesas son siempre rudas,
Todos los días y a todas horas.
Las francesas son carnudas,
Las francesas no son habladoras.

Con veinte años las ayudas
A buscar novio que las haga señoras,
Y tras casarse sin más dudas,
A ser madres y cuidadoras.

Se lo han dicho los parientes,
Incluso el cura de su congregación.
Tienen que ser sumisas y decentes,

Y criar hijos según la tradición.
Luego serán una dulce abuela
Que lleva a sus nietos a la escuela.

10. Amor sadomasoquista

Kenet, nuestro amor
No careció de dolor.
Fue un amor demente,
Con pasión ardiente,
Sin tabúes y fetichista.
Con una larga lista
De instrumentos
Para estos eventos.

Con manual disciplinario
Y dibujos para usuario,
Y tras la descarga,
Mejor si es larga,
De adrenalina,
Una mera rutina:
El empleo inofensivo
Del acto punitivo.

11. Kenet

Es un milagro estar unidos
Con mi boca besando tu mejilla,
Que, cuando la mañana brilla,
Atrae a mis labios adormecidos.

¿Por qué son amores prohibidos
Cuando uno al otro ensilla?
Es un juego, nadie se humilla,
Los dos quedan enardecidos.

Eres mi amante, mi fiel amigo.
Te espero con amor, sin reproche,
para verte surgir en la noche

Y compartir mi lecho contigo.
Te amo como ama un demente
Que se adueña de mi mente.

12. El aventurero

Existe al otro lado del río
Un barrio con extranjeros,
La mayoría temporeros,
Que viven a su albedrío.

A los más guapos les sonrío,
Y si me siguen ligeros
Es que son aventureros
Que no temen pasar el río.

Los acojo en mi casa.
Primero se hacen querer
Y beben alcohol a placer,

Luego pasa lo que pasa.
Yo convierto esta osadía
En misterio y poesía.

13. El dolor de amar

Te busqué por una ventana
En el parque perfumado.
¿Dónde puedes estar amado,
Esfumado esta mañana?

¿Qué sabes tú de la espera vana
Buscando un murmullo alejado
O el sonido, por mil pájaros creado,
Que del jardín emana?

¿Qué sabes del dolor de amar?
Nada útil, me temo,
Lo que un remador sin remo,

Lo que das sin saber dar.
¿Qué sabes del dolor extraño
Que, cuando huye, hace daño?

14. En un mismo lecho

Cualquier día de la semana,
A cualquier hora del día,
Nuestro amor loco se parecía
A un beso con eterna gana.

Tal es la condición humana,
El camino demente que seguiría
Un amor empañado en brujería
Que amanece con la mañana.

Dormimos en total armonía,
Debajo de un mismo techo
Y dentro del mismo lecho,

Tu mano acariciando la mía.
Despertamos los dos abrazados
Como adolescentes enamorados.

15. Canción de amor

He querido Kenet, amor mío,
Escribirte una bella canción
Que te produzca escalofrío
Y una profunda emoción.

Esta canción habla de un río
Donde nos abrazamos con pasión.
Era en Cargèse, durante el estío;
Allí latió por ti mi corazón.

Tú también estabas atraído
Por mi cuerpo grácil en calzón.
Aún hoy, todavía he sonreído

Cuando pienso en nuestra declaración
De amor. Éramos jóvenes con ilusión,
Ignorantes del amor y su frustración.

16. Kenet, te he amado tanto

Kenet, todo ha cambiado,
Yo he vuelto a Madrid y el tiempo ha pasado.
Muero de aburrimiento, Kenet.

Yo he vuelto a Madrid, equivocado,
Demasiado herido, entregado.
Te he amado tanto, Kenet.

Hasta donde mi memoria alcanza,
Hubo mil noches, pero ninguna esperanza.
Te he amado tanto, Kenet.

Hay demasiado licor inglés en tu vaso,
Y desde hace mil noches no me haces caso.
Te he amado tanto, Kenet.

17. Receta para un amor demente

Poned ese corazón tan cariñoso
En un canapé precioso.
Que beba un oporto anciano
Y luego tocad el piano.
Tocad Chopin si os parece
Con desgana que crece,
Y si se duerme y os da la gana,
Tiradlo por la ventana.

Pedidle que vuelva presuroso,
Hacedle esperar una hora, ocioso,
Y si no se ha ido
Es que está loco perdido.
Que espere otra hora
Y, sin más demora,
Si se duerme y os da la gana,
Tiradlo por la ventana.

Si todavía vuelve curioso,
Es que está celoso.
Prometedle un gran amor
Sin más dolor.
Que coma algo suculento
A ritmo lento,
Y si se duerme y os da la gana,
Tiradlo por la ventana.

III. INVIERNO-INFIERNO

1. El Titanic

Uno de los hechos más luctuosos
De la historia naval
Fue el hundimiento del Titanic
En su viaje inaugural.
El Titanic, transatlántico de lujo,
Fue construido en los astilleros
De Belfast, y zarpó de Southampton
Hacia Nueva York, con pasajeros

De primera, segunda y tercera clase.
2208 en total, incluyendo al personal,
De los cuales se salvaron el 32 por ciento
En el desenlace fatal,
Ocurrido en la noche
Del 14 al 15 de abril
De 1912 por violente choque
Contra un iceberg de perfil.

Las lanchas salvavidas
Solo tenían capacidad
Para la mitad de los viajeros
Y mujeres y niños tuvieron prioridad.
Muchos otros murieron
De hipotermia o ahogados.
Las causas del hundimiento
Son ya solo causa de lamento.

2. Cazadores en la nieve

Brueghel el Viejo, supremo pintor,
Ha realizado un bello paisaje invernal
Conservado en el museo de Viena,
Con otros cuadros de la colección imperial.
Unos cazadores vuelven cansados,
Seguidos por una jauría de lebreles,
Unos campesinos se calientan con fuego
Y el cuadro se organiza en dos niveles.

En el nivel alto, bajan los cazadores;
En el nivel bajo, juegan unos patinadores,
Que sobre el estanque helado se deslizan.
Blanco y verde dominan los colores.
En el nivel alto hay árboles desnudos
Con negros cuervos voladores;
En el nivel bajo hay casas de un pueblo,
Con techos nevados y escasos pobladores.

Nunca se ha expresado con tanta intensidad
La poesía del paisaje norteño en la nieve,
Triste y lúdico, detallista hasta el extremo,
Asentado en un magistral relieve.

3. Patinadores sobre el hielo

Existe en un museo de Bruselas
Un cuadro con patinadores,
En un río helado verdoso
Y con trampa para pájaros voladores.
El cuadro está atribuido
A Peter Brueghel el Viejo,
Como el cuadro de Viena ya descrito,
Aunque es menos complejo.

Su calidad es también notable
Y existen numerosas reproducciones,
Entre ellas las de Brueghel el Joven,
Con bella factura y ambiciones.
Existe en Bruselas un tercer cuadro
Cuyo tema es un decorado urbano,
Con una tropa en periodo invernal,
Bajo el mando de un capitán anciano.

No es difícil reconocer en este capitán,
Con barba larga y traje oscuro,
Al duque de Alba en persona,
Capitán de tercios, represivo y duro.

4. Las cuatro estaciones: el invierno

Vivaldi compuso un grupo de cuatro conciertos para violín y orquesta en 1721. El cuarto concierto está dedicado al invierno. Cada concierto está asociado a un poema escrito al parecer por el propio compositor. Reproducimos a continuación el poema asociado al invierno.

Helado, tiembla en la noche fría
Mientras un viento gélido se desata.
Corre, no te quedes quieto,
El crujir de dientes te delata.
Resguárdate con un fuego
Del frío que reina al exterior.
Son días de calma y soledad
Mientras cae la nieve con furor.

Camina sobre el hielo a paso lento,
Avanza con sumo cuidado.
Si resbalas y caes al suelo,
Te levantarás en mal estado.
Evita romper el hielo,
Huye de la bórea y del vendaval,
De la ventisca, del temporal,
Del frío viento invernal.

5. La retirada de Rusia

Napoleón invade Rusia en 1812
Con el Gran Ejército, como se le conoce,
El 23 de junio, a las doce,
Por razones que el historiador desconoce.
440 000 soldados cruzan el Niemen
Dirigiéndose hacia Moscú,
Defendida por Kutuzov, que nada teme,
Viejo general y gran gurú.

El 14 de septiembre, Napoleón,
Tras derrotar a los rusos en Borodino,
Entra en Moscú con decisión,
Pero ignorante de su terrible destino.
La gran ciudad es incendiada
Y el 18 de octubre, Napoleón,
Para que su tropa no quede atrapada,
Decide evacuar su posición.

Abandona Moscú a su pesar,
Donde pensaba pasar el invierno,
Sin lograr negociar con el zar,
Y su retirada es un infierno.
Esta retirada por tierra remota,
Tras la llegada de los fríos,
Se transforma en terrible derrota,
Ya que el suelo se hiela, igual que los ríos.

Los franceses de todas las edades,
Sometidos a temperaturas extremas,
Mueren de hambre y enfermedades,
Ya que, al tocar el hielo, te quemas.
El 25 de noviembre de 1812,
Los cosacos intentan la aniquilación,
En el río Berésina, como se le conoce,
Del Gran Ejército de Napoleón.

Pero el emperador logra pasar el río
Con el grueso de su disminuida tropa
A pesar del intenso frío
Evitando una total derrota.
El Gran Ejército abandona suelo ruso
Con solo 20 000 soldados,
La mayoría en orden confuso;
El grueso han sido muertos o apresados.

6. El paso del Berésina

La batalla del Berésina
Se produce entre las tropas de Napoleón,
Ya en una situación pésima,
Y los cosacos en busca de su aniquilación.
Los soldados holandeses, heroicos pontoneros,
Dirigidos por Éblé, gran soldado,
Logran construir dos puentes con maderos
Trabajando dentro de un río semihelado.

El 26 de noviembre de 1812
Empieza el paso de los franceses a las nueve,
Y el 29 de noviembre, a las doce,
Ha pasado el grueso de la tropa bajo la nieve.
Para evitar su toma por los cosacos,
Napoleón ordena quemar los puentes,
Aunque quedan provisiones en sacos
Y masas de soldados indigentes,

Atrapados al otro lado del río,
Y abocados a la derrota
O a quedar congelados de frío,
Con posibilidad de sobrevivir remota.
La victoria de Napoleón es amarga:
Su Gran Ejército, con efectivos reducidos,
Ha pasado de ser una gran columna ancha y larga
A un grupo de soldados desfallecidos.

7. Operación Barbarroja

Hitler creyó ser Napoleón
Y preparó la gran invasión.
Reunió a tres millones de soldados
Y se lanzó sobre los campos abrasados
De Rusia durante el verano
El 22 de junio de 1941.
Tenía tres ejércitos en uno.
Moscú, Leningrado, Kiev.

Su objetivo era puramente homicida,
Esclavizar eslavos, quitarles la vida,
Matar de hambre al enemigo,
Apoderarse del petróleo y del trigo,
Liquidar de paso a los judíos.
Pero llegó el invierno y sus fríos,
Y todo se congeló, hasta los ríos.
Moscú, Leningrado, Kiev.

Al llegar a Moscú, el plan falló
Y el ejército alemán retrocedió.
Stalin lanzó a sus siberianos,
Habituados a combates inhumanos,
A muchos grados bajo cero
Y esperando más frío en enero.
Leningrado también resistió.
Moscú, Leningrado, Kiev.

8. Stalingrado

¿Qué se puede decir de ti, Stalingrado?
Fuiste el supremo terror
En una guerra dominada por el horror.
La ferocidad del hombre no fue rara
Y en vidas salió muy cara.
Stalingrado.

Pero fuiste el principio del final
De la Segunda Guerra Mundial.
Se te ha calificado
Como la tumba del soldado,
Que moría por bala o congelado.
Stalingrado.

Dijo de la batalla el historiador
Que nunca se alcanzó tanto dolor,
Que hubo dos millones de muertos,
Aunque los números son inciertos.
Pero para el que se fija en el deceso
Es gran exceso.
Demasiados muertos,
Solo eso.
Stalingrado.

9. El sitio de Leningrado

Leningrado, maravilla del mundo,
Con los canales del Neva profundo,
Fortaleza de Pedro y Pablo belicosa,
La Perspectiva Nevski bulliciosa
Y Palacio de Invierno con Hermitage.
Defendida con grandísimo coraje,
Venecia del norte, ciudad de Pushkin,
Noches blancas con un sol sin fin,
Joya de todas las Rusias, capitalina
De la ilustre emperatriz Catalina.
Leningrado, Petrogrado, San Petersburgo.

Durante la Segunda Guerra Mundial,
Hitler quería hacer de ti un erial.
Bombardeada, sin comida,
Miles de habitantes perdieron la vida
De hambre, de comer serrín y ratas,
Sin harina, ni grano, ni patatas.
Fuiste ciudad heroica y renombrada
Por tu coraje, tu belleza salvada,
Resistiendo 29 meses de asedio atroz
Con tu bandera del martillo y la hoz.
Leningrado, Petrogrado, San Petersburgo.

Galvanizada por tu filarmónica
En una guerra psicológica,
Donde la música es arma de combate
Y el mejor y más eficaz ataque.

Era Shostakovich quien componía
Su famosa séptima sinfonía,
Radiada al enemigo por altavoces
Y músicos en condiciones atroces.
Dirigida por Toscanini en Nueva York
Y en Londres en el Royal Albert Hall.
Leningrado, Petrogrado, San Petersburgo.

10. La Revolución rusa de 1905

La Revolución rusa de 1905 resulta
De la derrota ante el pequeño Japón
Y saca a la superficie la oculta
Protesta contra el zar y su represión.
Se convoca una huelga el 21 de enero
En la fábrica Putilov de la capital
Por el despido improcedente de un obrero,
Y también una huelga general.

Acuden 200 000 obreros
Tras el padre Gapón,
Llevando iconos y letreros
En la enorme manifestación.
Se dirigen al Palacio de Invierno,
Abandonado por el zar inquieto.
Las tropas disparan por orden del gobierno
A la multitud sin parapeto.

En este *domingo sangriento*
Mueren los obreros a cientos,
Y este terrible evento
Exacerba los descontentos.
Trepov es destituido por represivo
Y el progresista Witte es nombrado
Nuevo jefe del gobierno, activo
En hacer reformas de calado.

Pero el zar, resentido,
Se ocupará en adelante
De vaciar de contenido
Cada reforma importante.

11. La toma del Palacio de Invierno

La toma del Palacio de Invierno
En Petrogrado, el 7 de noviembre de 1917,
Es el primer golpe de Estado moderno,
Contra Kerenski y su gabinete.
Trotski dirigió la arremetida,
Con su guardia roja motivada,
Y el crucero Aurora, en la embestida,
Disparó alguna andanada.

Trotski había tomado antes
Los puentes sobre el río Neva
Y otros puntos importantes
Mientras el pueblo se subleva.
Los bolcheviques toman el poder
Y comienza una terrible guerra civil.
Rojos contra blancos, nadie quiere ceder,
El poder es débil y caciquil.

Un hecho terrible y famoso
Fue el asesinato de la familia imperial.
Los muertos de este suceso luctuoso
fueron abatidos de forma brutal.

12. La Montes de la Luna

A mediados del siglo xix
Todavía quedaba un misterio
Que, aunque parezca leve,
Se tomaba muy en serio.
¿Dónde están las fuentes del Nilo?
Que Heródoto había situado
Donde abunda el cocodrilo,
En el trópico alejado,

En los Montes de la Luna,
Altas montañas con hielo.
Allí tiene el Nilo su cuna,
Allí se produce el deshielo.
Las legiones de Nerón
Habían remontado,
Para buscar explicación,
El curso del río sagrado

Hasta la segunda catarata,
En los confines de Nubia.
Pero más allá, la marisma se dilata
Y cae torrencial la lluvia.
Burton, el explorador británico,
Viajante clandestino a La Meca,
Lingüista titánico,
Con inmensa biblioteca,

En Zanzíbar organiza
Una marcha exploratoria,
Por el África maciza,
Que le lleva al lago Victoria,
Cuyas aguas en remolino,
Crecidas por el deshielo,
Alimentan el Nilo
Y encharcan el suelo.

Ha quedado en los anales,
Tras largas discusiones,
Que nieves tropicales
De grandes dimensiones
Alimentan el lago Victoria.
Y tras esta información
Se admite con pena y sin gloria
Que Heródoto tenía razón.

13. El Himalaya

El Himalaya es una cordillera
Con montañas de altura imponente,
Conquistadas por vez primera
Durante el siglo veinte.
Situada entre India y China,
Tiene varios ochomiles censados,
Con reputación de asesina,
Por los muertos en ascensos fracasados.

Los nombres asignados
Son míticos por su altura:
Everest, Nanga Pargat, K2,
Y subirlos es una heroica aventura.
El Annapurna fue el primer ochomil
En ser escalado, en 1950,
Por Maurice Herzog, francés y escalador viril,
Aunque sufrió de forma cruenta.

El Everest fue escalado por vez primera
Por Tenzing, el *sherpa*, y Hillary, neozelandés
(Tras muchos intentos acabados de mala manera),
En mil novecientos cincuenta y tres.
Pero la leyenda del Everest
No es Hillary el neozelandés.
El primero en intentar la *conquest*
Fue Mallory el inglés.

Mallory era un atleta británico
Que en 1924, ya muy cerca de la cima,
Audaz, valiente, titánico,
Desapareció de forma repentina.
Su cuerpo congelado
Fue descubierto en 1999
Y allí mismo enterrado.
Ahora forma parte del relieve.

14. La conquista de los polos

El primer humano que llegó al Polo Norte
Fue Roald Amundsen, noruego
(El 12 de mayo de 1926),
Que sentía por los esquimales gran apego.
Viajó en el Norge, un dirigible.
En un viaje que no fue contestado
Contrariamente a los de Cook o Peary
Y otros muchos que habían fracasado.

Amundsen también viajó al Polo Sur,
Siendo por poco el primero,
El 14 de diciembre de 1911.
El inglés Scott llegó en el siguiente enero
Y murió de forma heroica
En un regreso peligroso y fatal,
Convirtiéndose en un héroe
Nacional e incluso mundial.

Escritores de gran calado
Han contado su travesía,
En particular Stefan Zweig,
Autor de una emotiva biografía.

15. El estrecho de Magallanes

El estrecho de Magallanes
Separa la Patagonia chilena
Con la Tierra de Fuego,
Y su travesía es más serena
Que la vuelta al cabo de Hornos,
Lugar muy peligroso para navegar,
Donde 800 barcos han naufragado
Debido al clima del lugar,

Con muy bajas temperaturas
Y rachas de viento huracanado
De más de 100 km por hora,
Que tumban a los barcos de costado.
Al sur del cabo de Hornos,
Se llega a la Antártida helada
Por el llamado paso de Drake,
Con navegación arriesgada

Por la presencia de icebergs
Y de una fuerte corriente marina.
Magallanes exploró el primero
La costa sur de Argentina,
En noviembre de 1520,
Y perdió dos de sus cinco navíos.
Murió tras atravesar el Pacífico,
Una hazaña llena de desafíos.

16. La toma de Granada

El 2 de enero de 1492,
Isabel de Castilla y Fernando de Aragón,
Llamados Reyes Católicos los dos,
Hacen de España una nación
Tras conquistar Granada,
Último reino mahometano,
Por su gran arte reputada,
En territorio hispano.

Por decreto de marzo, el 31,
Elaborado por Tomás de Torquemada,
Decreto injusto como ninguno,
La población judía fue expulsada.
Los judíos eran 4 % de la población
Y unos 20 % sufren la expulsión.
Los otros, obligados a la conversión,
Fueron perseguidos por la Inquisición.

La expulsión de los judíos
Quedó anulada *de facto*
Tras 500 años de extravíos
En un emotivo acto.
Los moriscos, en principio tolerados,
Tras más de un siglo de convivencia
Fueron igualmente expulsados
Por Felipe III con gran violencia.

17. La solución final (1940-45)

¿En qué mente corrupta y demente
Cabe asesinar a tanta gente?
Al menos 15 millones de prisioneros,
Más civiles que guerreros,
Murieron en campos de concentración
Causando una particular emoción
Al descubrirse el genocidio con horror.
Auschwitz, Treblinka, Belzec, Dachau.

Murieron tras violenta ejecución
O gaseados por el gas zyklón
O simplemente de inanición.
Fueron utilizados como esclavos
Los judíos, los polacos, los eslavos,
Las razas declaradas inferiores
por sus arios conquistadores.
Auschwitz, Treblinka, Belzec, Dachau.

Seis millones de judíos, de 9 en total,
Murieron en la *solución final*,
Traídos de guetos, con estrella amarilla,
De forma atroz pero sencilla.
Shoah, holocausto, genocidio,
Gaseados, quemados de forma brutal,
Víctimas de la banalidad del mal.
Auschwitz, Treblinka, Belzec, Dachau.

IV. VINO DIVINO

1. La cerveza

Fluye la cerveza entre Londres y Berlín,
Lo mismo que entre Gante y Turín.
La gente se anima y olvida la tristeza
Y el alcohol se sube a la cabeza.

Hay más cerveza que vino añejo
Y que familiares de Brueghel el Viejo.
El viento del norte se desencadena
Y la gente se duerme con la tripa llena.

Todo está lleno de vasos rebosantes,
Tantos como queridas y amantes.
Todo está lleno de jóvenes debutantes,
Que quieren emborracharse cuanto antes.

Todo está lleno de comadronas de color,
Con un seno para la cerveza y otro para el amor.
Todo está lleno de horizontes lejanos
Y los diablos crecen como enanos.

2. El puerto de Ámsterdam

En el puerto de Ámsterdam, los marinos se agitan
Y la cerveza se derrama.
En el puerto de Ámsterdam, los marinos se excitan
Y la lujuria los inflama.

En el puerto de Ámsterdam, los marinos disfrutan
De los favores de una dama.
Por una monedita de oro se la disputan
Y follan en su cama.

Son marinos que ríen y no dejan de reír,
Tararean una canción,
Beben más cerveza y eructan al salir.

Son marinos que bailan y no dejan de bailar,
Acompasados por un acordeón
Cuyo pitido estrambótico atruena sin cesar.

3. El puerto de Hamburgo

En el puerto de Hamburgo se divisa
Un marino que lucha con la muerte,
Y si en el combate no hay suerte,
Se desangra inerme bajo la brisa.

En el puerto de Hamburgo se precisa
Ser igual de lujurioso que fuerte,
Y en patéticas damas se invierte
Calderilla para follar deprisa.

En el puerto de Hamburgo se bebe
Cerveza tras cerveza y sin prisa.
En el puerto de Hamburgo uno debe

Quitarse la ropa hasta la camisa.
Se oye el sonido de un acordeón
Que acompasa una vieja canción.

4. Preparación de la absenta

Cuando la absenta se haya vertido
Al fondo de un vaso de cristal,
Introducid en una cucharita de metal
Azúcar en dos trocitos repartido.

Luego añadid agua en hilillo
Y la absenta, tras palidecer,
Emitirá un olor de placer
Y su color será blanquecillo.

Este licor tendrá reflejos
De colores ámbar y opalino,
Y es más sabroso que el vino,
Si habéis seguido mis consejos.

Aprovechad bien esta lección
Y, si os sube a la cabeza,
Os librará de la tristeza.
Cantad, pues, una canción.

5. Oda a la absenta

Te saludo, licor verde, enemigo de la orgía,
Que con frecuencia, absorbido con energía,
Me ha hecho olvidar todos mis males.
Más de uno, que se alimenta
De la poderosa absenta a raudales,
Ha sufrido una muerte lenta.

Es hora de alabar tu valía
Y quien ignora toda la poesía
Que este licor puede traer en su costado
Nunca ha visto con certeza
Un globo del mundo bien asentado
Girar caóticamente en su cabeza.

Yo, que no quiero llegar a la vejez,
Quiero enfrentar a tu fuerza mi endeblez,
Combatir cuerpo a cuerpo contigo.
Quiero saber si tras un duelo terrible,
Con la temible muerte por testigo,
Guardas tu título de invencible.

6. Absenta y alma

La cosa que canta en mi cabeza,
Cuando mi memoria está ausente,
Es la sangre que coloniza mi mente
Y se expresa con discreta tristeza.

Cuando sufro mi sangre que llora
Mientras mi alma se ausenta,
Es la traidora y dulce absenta
Que mi alma ama y deplora.

Mi sangre es vino de la viña rosa,
El licor recorre mi oscura vena,
¡Oh, absenta dulce y poderosa!

Ni cantar ni llorar vale la pena.
Cuando se pierde la memoria,
Solo queda el alma expiatoria.

7. Nieva sobre el lago Mayor

Nieva sobre el lago Mayor,
Las aves buscan el calor
Y al pobre vino italiano
Se le ha helado la uva en grano.
Los niños gritan de alegría
A pesar de la tarde fría,
Se deslizan por la nieve
Aprovechando el relieve.
Siento un inmenso dolor,
Nieva sobre el lago Mayor.

Esos niños luchadores
Son los nuevos gladiadores.
Dicen que el circo muere
Sin que su coraje se altere.
Nieva sobre el lago Mayor,
Las aves buscan el calor.
Oigo el ruido de un motor,
Es de nuevo el transbordador.
Siento un inmenso dolor,
Nieva sobre el lago Mayor.

8. Vino bajo la luna

Ignoras lo que te reserva el destino,
Pero siéntate a la luz de la luna
A beber lo que te dé la fortuna:
Un cántaro de sabroso vino.

Agradece a la luna su presencia
Y, si la luna no acude a la cita,
No es que su luz sea maldita,
Tienes que tener más paciencia.

Porque una nube es caprichosa
Y puede ocultar la bondadosa luna
Si su presencia le importuna.

Pero si pasa una doncella preciosa
Y te ofrece un cáliz de vino,
Dale las gracias a tu destino.

9. Goza del buen vino

Aprovecha mientras puedas y bebe vino.
El vino te devolverá la juventud,
De eso no puedes tener inquietud,
Aunque no conozcas tu destino.

Goza de este instante fugitivo
De los avatares del mundo caprichoso,
Un buen cáliz de vino generoso
Es el mejor regalo mientras estés vivo.

Prefiere a los libros y la sabiduría,
Y a todos los himnos del amor,
Un cáliz de vino de delicioso sabor

Y el suave aroma que desprende cada día.
El vino es un prodigio de la naturaleza,
Tómate una copa de buen vino y reza.

10. El vino de Levante

La lluvia amamanta las parras
Y da un merecido riego al pino
Mientras miles de avispas y cigarras
Pululan y dan nacimiento al vino.

En morada señorial o tierra nimia,
Bajo la luz cegadora del Levante,
Tiene lugar la necesaria vendimia:
Recogida de racimos trepidante.

Su morada es creación de lujo,
Esplendor del vinícola paisaje,
Con un Mediterráneo sin reflujo

Que carece de viento y oleaje.
Pronto la uva llegará al tonel
Y se convertirá en tinto o moscatel.

11. Oda al vino

Que aprenda el hombre oscuro,
En el ceremonial de su negocio,
Que, en la mesa, su mejor socio
Es una botella de vino puro.

Cuando se abre una botella
De sabroso vino de barril,
Emana un soplo de olor sutil
Que es su indeleble huella.

Recuerda que cada gota de oro
La trabajó el laborioso otoño,
Que hizo rebrotar cada retoño

Con sus uvas, delicado tesoro.
Y así nace cada vino distinto,
Con color propio, blanco o tinto.

12. El alma del vino

El vino canta en las botellas,
Se apodera del color bermejo,
Cuando es tinto, nuevo o añejo,
Nacido del sol y las estrellas.

Siente una inmensa felicidad
Cuando lo bebe un hombre cansado.
Su tumba será su pecho aquilatado,
Y su sabor, mejor a más edad.

Encenderá tus ojos de contento,
Los de tu hijo y tu mujer también,
Fruto de su delicado nacimiento.

Su alma es su más preciado bien,
Don de Dios, vegetal ambrosía,
Que hace germinar la poesía.

13. El vino español

Puesto que adoro y quiero
El Rioja y el Ribera de Duero,
Deseo, querido compatriota,
Cantarte una canción patriota,
Bebiendo un vaso de buen vino
Para celebrar nuestro destino.

Bebamos el vino español
Nacido con un brillante sol,
Conocido en el mundo entero
Por su buen sabor y esmero,
Tanto el blanco como el bermejo,
El vino nuevo como el añejo.

Sea o no invención moderna,
Suele beberse en una taberna.
Pido un buen vaso de vino
Cuyo destino es mi intestino.
Lo pido porque estoy sediento,
Págolo y voyme contento.

14. El opio asesino

El opio engrandece al cuerpo grandioso,
Alarga lo ilimitado,
Profundiza en el tiempo ansiado,
Así como en el placer tenebroso,
Pero va más allá de lo apropiado

Y no compensa el efecto del veneno
Que colorea tus vacilantes ojos.
El alma tiembla y se llena de despojos,
Tus sueños no auguran nada nuevo
Y tratas de atravesar puertas con cerrojos.

No compensa tampoco el prodigio
De tu saliva que se pervierte,
Que se olvida del alma que no tiene suerte
Y que, en un inevitable litigio,
La lleva, desfallecida, al borde de la muerte.

15. El cannabis

La muerte tiene cara infantil
Y mirada viril,
Su cuerpo es amor refinado
Y me tiene cautivado.

Me llama por mi apellido
Cuando la razón he perdido,
Tiene sabor afrutado
Y un embrujo malvado.

El polifacético cannabis
Compite con el hachís,
O con la marihuana,
Si os da la gana.

La muerte sobrecoge
A quien lo acoge.
Te da placer cuando lo aspiras de una vez,
Y al final, suspiras por última vez.

16. La orquesta loca

Escucha al tipo que jazzea,
Oye como saxea,
Está colocado,
Con coca de mercado.

Un compatriota,
El que el piano toca,
Ha esnifado coca
Y se le nota.

Al bajo que marca las notas,
El éter lo descoloca
Y le sale por la boca,
Está KO cuando toca.

El batería que con ardor
Toca el tambor,
No es un amigo cualquiera,
Consume la adormidera.

Y el que no hace nada
Solo oye lo que se toca,
Es adicto a la marihuana,
¡Qué orquesta más loca!

17. Peligrosa heroína

Oh, peligrosa heroína,
Mi belleza divina,
Eres amado ser curioso
Y ángel vaporoso.

Oh, peligrosa heroína,
Mi relación clandestina,
Mi dulce consuelo,
Llévame al cielo.

Oh, peligrosa heroína,
Mi pureza divina,
Eres mi amor solitario
Y tu sabor es mi ideario.

Oh, peligrosa heroína,
Pura como santa Cristina,
Eres desgracia de la virtud
Y causa de mi mala salud.

Oh, peligrosa heroína,
En tu belleza se adivina,
Cuando te da la gana,
El color de la tierra afgana.

V. POETAS Y PIRUETAS

1. El rey bohemio

He puesto en el muro,
Sobre mi buró,
Una foto de Arturo
Rimbó.
Con el pelo erizado
Mira de frente,
Con mirar extraviado
De adolescente.

Lanza sus rimas
Por el camino,
Recorriendo cimas
Cual peregrino.
Pinta las vocales
Del blanco al violeta,
Con colores ideales
De pintor poeta.

Triste es su historia
Y su agonía,
No conoció en vida la gloria,
Pero hoy es nuestro guía.
Se le concedió el premio,
Por su osadía,
De gran rey bohemio
De la poesía.

2. Arthur Rimbaud

Adolescente y poeta genial,
Puso a cada vocal un color,
Escribió sonetos de gran valor
Y se murió en un hospital.

Su lamentable y triste final
Llena de amargura al lector.
Él, tan joven, no llegó a mayor,
Pero su vida fue excepcional.

Dejó de escribir para soñar
Tras una temporada en el infierno,
Viajó por África sin cesar

Y su sueño fue sueño eterno.
Su vida fue la de un barco errante
Y su leyenda la del tripulante.

3. Paul Verlaine

Es autor de la lluvia fina
Que cae sobre su corazón de arena
Y desata una profunda pena,
Como si se le clavara una espina.

Es autor de la vida que se arruina,
Del violín que en otoño suena,
De aquel que purga una condena,
Del borracho que de dolor alucina.

A Rimbaud lo adoró sin mesura,
lo siguió a Londres y Bruselas,
Dejando en él profundas secuelas

Y haciéndole la vida muy dura.
Lo bautizó poeta maldito
Y junto a él se convirtió en mito.

4. Charles Baudelaire

Escribió exóticas flores del mal
Para melancólicos lectores,
Invoca a Satán, rector de rectores,
Que convierte al hombre en sensual.

Una grave angustia descomunal
Sin música ni violín ni tambores,
Atrae al esplín y sus dolores
Hacia París, ciudad irreal.

Un gato con pupila de metal
Y ojos que irradian colores
Se pasea en sus interiores,

Pero esconde su zarpa mortal.
Su mano acaricia al animal,
De piel suave como los amores.

5. Antonio Machado

Estos días azules y este sol
De la infancia que recordar no quiero,
Ni Soria adosada al río Duero,
Ni al atardecer el arrebol,

Ni la lenta concha del caracol
Tras el viento achubascado de enero.
Paseo por Rocafort con sombrero,
De noche, bajo la luz de un farol.

En el cielo truena un bombardero,
Suena la sirena de control.
Bajo tus alas, moscardón guerrero,

Otra vez Caín se ha vuelto español.
Se dispara fuego artillero,
Lucen los naranjos y el girasol.

6. Federico García Lorca

Granada, ciudad que no se agota
Derramando agua entre los pinos,
Un dédalo de calles y caminos,
Y cumbres nevadas que el aire azota.

Con su Alhambra mora de piedra rota,
Que el río Darro abraza en torbellinos,
Con plantas crecidas entre espinos,
Regadas por una acequia remota.

Por Sevilla un barco tiene camino,
Granada solo emite unos suspiros.
El Guadalquivir lleva odres de vino,

Darro y Genil brillan como zafiros.
¡Ay, dulce amor que se fue y no vino!
¡Ay, poeta al que mató un asesino!

7. Miguel Hernández

Camarada Miguel,
Vestido como un pastor,
Con la piel quemada por el sol
Y el alma por el dolor.

Andas calzando alpargatas,
Con un pantalón desgastado.
Vives en las trincheras
Y duermes sobre tu costado.

Demostraste al mundo inerte
Lo poco que necesita un poeta
Para escribir mil poemas:

Un lapicero, una libreta
Y solo unos pocos temas,
El amor, la vida y la muerte.

8. Jorge Luis Borges

Antes buscaba inciertos confines
En los floridos antros de frescura,
Que albergaban plantas y verdura,
Además de cedros y de jazmines.

El laberinto tiene sus fines
Y el hilo mágico su tesitura,
Todo el resto es literatura
O película para viejos cines.

En un lejano paraje inhumano
Aparece un tablero de ajedrez,
Las piezas se mueven con la mano

Y nadie gana por última vez.
Me solía mirar en un espejo,
Ahora no veo nada y lo dejo.

9. Violeta Parra

Doy gracias a Violeta,
Que me ha dado tanto,
La vocación de poeta
Y el amor por el canto.

Ella, divina esteta
Con su corazón en llanto;
Ella, divina asceta,
Chilena con encanto.

«Solo el amor salva al mundo
De rencores y violencia»,
Así hablaba su conciencia

En un instante fecundo.
Eres la flor del poeta,
Violeta.

10. César Vallejo

Moriré en París en una tormenta,
Un día del que ya tengo recuerdo.
Espero morir todavía cuerdo
Y de muerte que no sea violenta.

Moriré en jueves, ya llevo la cuenta,
Y mis pobres huesos ya los pierdo.
Quisiera llegar con ellos a un acuerdo
Y no tener que ponerlos a la venta.

Mi flauta mágica resuena, resuena,
En un puro acto de brujería.
En París llueve de noche y de día.

Y el cielo gris y encapotado truena.
Tu amor ansiado lo guardo para mí
Mientras mis huesos se pudren por ti.

11. El payaso

Una música sacude el estrado
Donde salta un payaso callejero,
Que se atrae con gesto altanero
Al público, en un suelo embarrado.

El payaso se halla maquillado,
Se calla o recita con esmero,
Recibe una patada en el trasero
Y gira como un canto rodado.

Sus piruetas hemos disfrutado
Y tienen al público extasiado.
Más que el pie en exceso retorcido,

Se merece que hayamos admirado
Su peluca, donde ha resurgido
Un gran tallo, de flores decorado.

12. Arlequín

Arlequín, bufón impertinente,
Con harapos y joyas engalanado,
Payaso excéntrico, osado
Y torpe, que tropieza con la gente.

Guardas en tu contradictoria mente
El secreto del alquimista y del hechizado,
De una sabia pitonisa y de un chiflado,
Del cuerdo y del desgraciado demente.

Juegas con la risa y la tristeza,
Ríes y lloras siempre despacio,
Te burlas del tiempo y del espacio.

Te disfrazas de los pies a la cabeza.
Ya lo dijo Goldoni en un soneto:
Por ningún amo sientes respeto.

13. La carmañola

Dancemos la carmañola,
Viva el son, viva el son,
Dancemos la carmañola,
Viva el son del cañón.
El rey había prometido
Ser fiel a su nación,
Pero no lo ha cumplido
Y merece la ejecución.

Antonieta había deseado
Hacernos caer en un desliz,
Pero su treta ha fallado
Y se ha roto la nariz.
El noble tiene como aliados
A los monárquicos ociosos,
Pero pronto serán derrotados
Como cobardes sediciosos.

Camarada, estemos unidos,
No temamos a la nobleza,
Porque huirán malheridos
Si quieren salvar su cabeza.
Sí, un *sinculota* soy
Y que se fastidie el rey,
Con los marselleses voy,
Con los bretones y con la ley.

14. El tango

El tango es un símbolo de bravura
Y alegría tras el paso del tiempo,
Pero dura el tango, el tango dura,
No es un vulgar pasatiempo.

Lo he visto bailar con brillo
Por los que practican enardecidos
El peligroso baile del cuchillo
Y luego acaban malheridos.

El tango ha sido fuente de alegría
Y testamento del valor humano,
Aunque llegue el inevitable día
En que este combate mano a mano

Se borre de nuestra frágil memoria.
Aunque siempre se te recordará
Como fuente de una fugaz gloria
Y eso solo el tiempo lo dirá.

El tango, como todo invento,
Evoluciona irreversiblemente
Y es capricho del rudo viento
Que borra todo de la mente.

Pero Buenos Aires te acoge,
Eres ya parte de la gran ciudad
Que, mientras tu alma recoge,
Te hará brillar en cualquier edad.

15. Los *ballets* rusos

Fundados por Diaghilev en 1909,
En San Petersburgo, en tiempo breve,
Impactaron en la escena europea,
Sin escatimar una dura pelea,

Por su coreografía valiente,
Que asombraba a la gente normal,
Entre 1910 y 1920,
Belle époque y guerra mundial.

Diaghilev usaba en su escenario
Todo lo más revolucionario:
Con Derain, Ernst, Gris y Picasso,
Bellos decorados en cada caso.

Con Debussy, Stravinsky, Ravel
Y Falla, música de gran nivel.
Con el gran Nijinsky, Fokine,
Massine y Balanchine,

Cada coreografía era grande y bella.
Con Nijinsky de bailarín estrella,
Cuyos saltos desafiaban la gravedad
Como nadie antes en la humanidad.

Nijinsky hizo también la coreografía
De dos *ballets* de gran valía:
La tarde del fauno, con música
de Debussy, novedosa y única,

Y *La consagración de la primavera*,
Del siglo xx, obra genial, la primera
Con Stravinsky en la parte musical,
Representada en 1913 y acogida muy mal.

Diaghilev murió en Venecia
Y ahora todo el mundo lo aprecia.
Fue un vanguardista inmortal
Que se rodeó de gente excepcional.

16. Nijinsky

Es el 29 de mayo de 1912. Diaghilev, Rodin y Debussy (que compone la música) se aprestan a ver el estreno de *La tarde de un fauno*, con coreografía de Nijinsky, que es también bailarín estrella. La coreografía está inspirada en un poema de Mallarmé, y la representación tiene lugar en el teatro del Châtelet de París.

Nijinsky es un fauno soñador
Sobre un montículo rocoso,
Con escenario de Léon Baskt, diseñador
De talento, vanguardista y novedoso.

El fauno se halla recostado,
Tocando una flauta con dulzura,
Con un traje de animal moteado
Y uvas colgando de su cintura.

Sus orejas son puntiagudas
Y sobresalen cuernos de su peluca,
Cuernos de fauno y orejas enceradas
Con oro plateado sobre su nuca.

Siete ninfas hacen su aparición
Esperando el baño de la mayor.
Llevan trenzas para la ocasión
Y el fauno las detecta por su olor.

El fauno espía a la ninfa mayor.
Que se apresta a efectuar su baño,
Y retira su velo exterior,
Que se desliza a un aledaño.

El fauno se lleva el velo a su guarida
Y, bajo el abucheo del público aterido,
Se masturba sobre la prenda caída
Mientras otros aplauden el gesto atrevido.

Nijinsky se retira a su camerino,
Goteando sudor y maquillaje.
Se deshace de su disfraz taurino
Y para pasear adopta un nuevo traje.

Se dispone a recorrer los antros parisinos
En busca de un prostituto caliente,
Entre ninfos mestizos o latinos.
Para esos ninfos, es un buen cliente.

17. El vals de Ravel

De acuerdo con Diaghilev,
Ravel pensaba desde 1906,
Componer un vals en homenaje
A Johan Strauss II, gran autor
De valses aplaudidos con coraje,
Por el público vienés, gran conocedor.
Pero a Primera Guerra Mundial
Le hizo posponer su proyecto inicial.
La guerra casi causó la destrucción
De Occidente y su civilización,

En un mundo convertido en decadente,
Que asustaba a mucha gente.
Ravel describe su obra novedosa
Como una tormenta desastrosa,
Donde nubes turbulentas del pasado
Ocultan a bailarines y decorado.
Pero las nubes, que se disipan poco a poco,
Dejan entrever un mundo loco,
Y aparece en el escenario, al final,
Una lujosa corte imperial

De mediados del siglo XIX,
Donde la gente despreocupada bebe.
La segunda parte del siglo XIX
Está ausente porque sobra.
Diaghilev rechazó la obra
Mientras Stravinsky callaba.
Ravel rompió su relación con los dos

Por ignorar que la guerra mata,
Según designio inapelable de Dios,
A quien, irresponsable, la desata.

Índice